Cuisine
en moins de 10 min

pour les nullissimes

ISBN : 978-2-412-02201-6
Dépôt légal : février 2017
Imprimé en Espagne
Création graphique : Nicolas Galy pour NoOok
Mise en page : Istria
Correction : Christine Cameau
Photographies des recettes : © Émilie Laraison
Photographies des ingrédients : © istock et Fotolia, sauf pour les produits suivants © Émilie Laraison : bavette en lamelles, oignons émincés surgelés

Éditions First, un département d'Édi8
12, avenue d'Italie
75013 Paris – France
Tél. : 01 44 16 09 00
Fax : 01 44 16 09 01
e-mail : firstinfo@efirst.com
Site Internet : www.editionsfirst.fr

Par les créateurs de la collection pour les nuls

Émilie Laraison

Cuisine en moins de 10 min

pour les nullissimes

FIRST Editions

Remerciements

Merci à Iris et Aurélie pour leur confiance.
Merci à Séverine Di Giulio pour son énergie.

ENTRÉES

GASPACHO VERT

POUR 6 PERSONNES PRÊT EN 10 MINUTES

LISTE DE COURSES

1 concombre

2 yaourts

1 gousse d'ail

le jus d'½ citron

1 cuil. à soupe d'huile d'olive

10 feuilles de menthe

Le conseil de l'auteur

Pour épépiner facilement un concombre : coupez-le d'abord en quatre dans la longueur puis, à l'aide d'un couteau fin, coupez de biais les parties centrales avec les pépins.

❶ Pelez et épépinez le concombre. Coupez-le en morceaux. Versez dans un mixeur.

❷ Ajoutez les yaourts, la gousse d'ail épluchée et le jus de citron. Salez, poivrez et mixez jusqu'à obtenir un mélange homogène.

❸ Répartissez dans des verrines. Ajoutez un filet d'huile d'olive et parsemez de menthe ciselée.

MOUSSE DE SARDINES À LA RICOTTA

POUR 4 PERSONNES PRÊT EN 5 MINUTES

LISTE DE COURSES

1 boîte de sardines

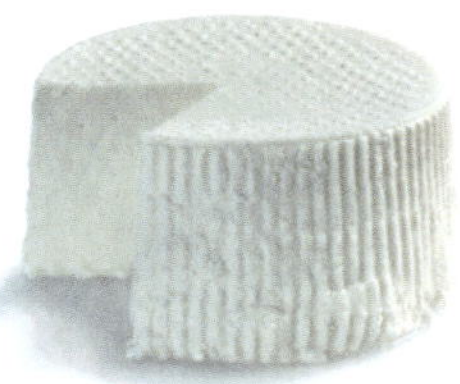

125 g de ricotta fraîche

1 cuil. à café de jus de citron

10 brins de ciboulette

1 baguette

Le conseil de l'auteur

Pour une mousse plus rustique et légère, utilisez des sardines au naturel ; pour une mousse plus gourmande, des sardines à l'huile.

❶ Mettez les sardines dans le mixeur. Ajoutez la ricotta, le jus de citron et la ciboulette. Salez, poivrez.

❷ Mixez le tout. Tartinez sur des tranches de baguette bien fraîche.

SALADE DE CHOUX

POUR 4 PERSONNES PRÊT EN 5 MINUTES

LISTE DE COURSES

¼ de chou rouge

¼ de chou blanc

le jus d'½ citron

3 cuil. à soupe
d'huile d'olive

20 brins de ciboulette

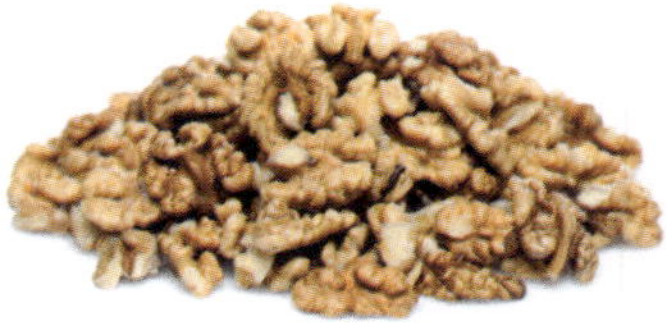

20 cerneaux de noix

❶ Émincez le chou rouge et le chou blanc. Disposez-les dans un saladier.

❷ Dans un bol, mélangez l'huile d'olive et le jus de citron. Assaisonnez la salade avec cette sauce. Salez, poivrez.

❸ Ciselez la ciboulette. Concassez les noix grossièrement. Parsemez-en la salade.

TARTARE DE SAINT-JACQUES

POUR 4 PERSONNES PRÊT EN 5 MINUTES

LISTE DE COURSES

12 noix de Saint-Jacques fraîches

½ oignon rouge

¼ de concombre

¼ de botte de coriandre

2 cuil. à soupe d'huile d'olive

1 cuil. à café de baies roses du moulin

Le conseil de l'auteur

La saison des noix de Saint-Jacques se situe entre octobre et avril, cette période est donc à privilégier pour l'élaboration de cette recette. Pour garder toute sa fraîcheur, le tartare doit être réalisé juste avant de passer à table.

❶ Coupez les noix de Saint-Jacques en petits morceaux.

❷ Lavez le concombre, épluchez-le et coupez-le en petits dés, salez.

❸ Épluchez et hachez l'oignon très finement. Ciselez la coriandre. Mélangez tous les ingrédients. Assaisonnez avec l'huile d'olive.

❹ Dressez dans les assiettes. Parsemez de baies roses.

BRICK À L'ŒUF ET À LA MENTHE

POUR 4 PERSONNES PRÊT EN 10 MINUTES

LISTE DE COURSES

8 feuilles de brick

4 œufs

5 cuil. à soupe d'huile d'olive

8 feuilles de menthe

❶ Faites chauffer 2 cuil. à soupe d'huile d'olive dans une grande poêle. Superposez 2 feuilles de brick au fond.

❷ Cassez 1 œuf au centre. Salez, poivrez. Ajoutez 2 feuilles de menthe et refermez en rabattant les quatre côtés.

❸ Laissez frire 2 min et servez bien chaud avec 2 feuilles de menthe.

❹ Façonnez les autres bricks en faisant chauffer 1 cuil. à soupe d'huile entre chacun.

SALADE DE CONCOMBRE THAÏE

POUR 4 PERSONNES PRÊT EN 10 MINUTES

LISTE DE COURSES

2 concombres bio

4 cuil. à soupe de crème de coco

½ botte de coriandre

10 feuilles de menthe

1 poignée de cacahuètes

1 pincée de piment en poudre

Le conseil de l'auteur

Pour concasser les cacahuètes, versez-les sur une grande planche à découper et, avec un gros couteau, hachez-les doucement en laissant la pointe du couteau sur la planche.

❶ Lavez les concombres. Conservez la peau et coupez-les en fines rondelles.

❷ Ciselez les herbes. Ajoutez-les à la crème dans un saladier. Salez, poivrez et mélangez.

❸ Ajoutez les concombres et mélangez.

❹ Parsemez de cacahuètes concassées et d'une pincée de piment en poudre.

MINI-TARTELETTES AU FROMAGE FRAIS

POUR 4 PERSONNES PRÊT EN 5 MINUTES

LISTE DE COURSES

150 g de fromage frais

1 botte de radis

10 brins de ciboulette

1 cuil. à soupe d'huile d'olive

1 vingtaine de crackers

❶ Émincez la ciboulette. Mélangez avec le fromage frais et l'huile d'olive. Salez, poivrez.

❷ Détaillez les radis en fines rondelles.

❸ Disposez le fromage sur les crackers. Recouvrez chacun de 3 rondelles de radis.

TARTARE AVOCAT, MANGUE, CREVETTES

POUR 4 PERSONNES PRÊT EN 10 MINUTES

LISTE DE COURSES

12 crevettes roses cuites

2 avocats

1 mangue

1 citron vert

2 cuil. à soupe d'huile d'olive

4 brins de coriandre

❶ Épluchez et coupez la mangue en petits dés.

❷ Ouvrez les avocats, retirez le noyau et taillez la chair en petits dés. Arrosez de jus de citron vert.

❸ Mélangez les crevettes avec la mangue et les avocats. Versez l'huile d'olive. Salez, poivrez.

❹ Servez dans de petites assiettes avec la coriandre ciselée.

CARPACCIO DE BŒUF À L'ASIATIQUE

POUR 4 PERSONNES   PRÊT EN 10 MINUTES

LISTE DE COURSES

400 g de carpaccio de bœuf

1 cuil. à soupe d'huile de sésame

1 cuil. à café de sauce soja sucrée

le jus d'½ citron vert

½ botte de coriandre

1 petite poignée de cacahuètes

Le conseil de l'auteur

Pour réaliser votre carpaccio vous-même, mettez un morceau de filet de bœuf de 400 g dans un sac congélation. Placez-le 1 heure au congélateur, retirez du sac puis tranchez en très fines tranches à l'aide d'un gros couteau bien aiguisé.

❶ Mélangez l’huile de sésame, le jus de citron et la sauce soja. Salez, poivrez.

❷ Disposez le carpaccio en rosace dans les assiettes.

❸ Versez un filet de sauce. Parsemez de coriandre hachée et de cacahuètes concassées.

MILLE-FEUILLES DE BETTERAVE, FETA ET VIANDE DES GRISONS

POUR 4 PERSONNES PRÊT EN 10 MINUTES

LISTE DE COURSES

2 betteraves cuites

150 g de feta

100 g de viande des Grisons

1 dizaine de feuilles de basilic frais

❶ Coupez les betteraves en fines tranches. Émiettez la feta.

❷ Taillez les tranches de viande des Grisons afin qu'elles aient la même taille que vos tranches de betterave.

❸ Constituez un mille-feuille en superposant 1 tranche de betterave, de la feta émiettée, 1 tranche de viande des Grisons. Répétez l'opération 2 fois.

❹ Décorez avec un peu de feta, du basilic, du poivre et quelques gouttes d'huile d'olive.

PLATS

ASSIETTE COMPLÈTE D'ÉTÉ

POUR 4 PERSONNES PRÊT EN 10 MINUTES

LISTE DE COURSES

250 g de thon au naturel

450 g de farfalles
cuisson 3 minutes

20 tomates cerise

1 concombre bio

1 petite boîte
de pois chiches (150 g)

4 brins de persil plat

❶ Faites cuire les pâtes 3 min dans de l'eau bouillante salée, égouttez et laissez refroidir.

❷ Dressez dans les assiettes : le thon émietté à la fourchette, les tomates, le concombre en tranches, les pois chiches rincés et égouttés.

❸ Ajoutez les farfalles, un filet d'huile d'olive, de vinaigre balsamique, salez et poivrez. Parsemez de persil plat ciselé.

ONE POT PASTA

POUR 4 PERSONNES PRÊT EN 10 MINUTES

LISTE DE COURSES

400 g de linguine

200 g de tomates cerise

80 g d'oignons surgelés émincés

10 olives noires dénoyautées

½ botte de basilic

2 cuil. à soupe d'huile d'olive

Le conseil de l'auteur

Le one pot pasta est une invention géniale qui permet de cuire les pâtes et leur accompagnement en même temps dans une casserole ! L'astuce est de faire cuire le tout dans un volume d'eau adapté. En fin de cuisson, on obtient de délicieuses pâtes déjà assaisonnées sans avoir besoin de les égoutter.

❶ Faites bouillir 70 cl d'eau salée. Ajoutez les linguine, les tomates, les oignons, les olives et le basilic effeuillé.

❷ Faites cuire 10 min à feu moyen en mélangeant de temps en temps.

❸ Lorsque l'eau s'est évaporée, salez, poivrez, versez l'huile d'olive. Servez avec quelques feuilles de basilic frais.

POULET AU CURRY EXPRESS

POUR 4 PERSONNES PRÊT EN 10 MINUTES

LISTE DE COURSES

400 g de riz 3 couleurs

12 aiguillettes de poulet

100 g d'oignons surgelés émincés

75 cl de lait de coco

1 cuil. à café de curry en poudre

½ botte de coriandre

❶ Faites cuire le riz suivant les instructions du paquet.

❷ Dans une poêle, faites revenir 3 min les oignons avec 1 cuil. à soupe d'huile d'olive. Ajoutez le poulet et faites-le dorer 4 min.

❸ Versez le lait de coco. Ajoutez le curry. Salez, poivrez. Mélangez et laissez cuire 1 min.

❹ Servez en disposant le riz d'un côté et le poulet au curry de l'autre. Parsemez de quelques brins de coriandre ciselée.

AGNEAU TANDOORI, SEMOULE

POUR 4 PERSONNES PRÊT EN 10 MINUTES

LISTE DE COURSES

600 g de semoule à couscous

4 côtelettes d'agneau

25 cl de crème fraîche liquide

1 cuil. à soupe de mélange tandoori

le jus d'½ citron

Le conseil de l'auteur

Pour que vos côtelettes soient bien grillées, vous devez faire chauffer votre poêle jusqu'à ce qu'elle fume avant de déposer la viande dedans.

❶ Préparez la semoule selon les indications du paquet.

❷ Faites griller à sec les côtelettes dans une poêle bien chaude 3 min de chaque côté.

❸ Ajoutez la crème, le mélange tandoori et le jus de citron. Salez, poivrez et laissez mijoter 4 min.

❹ Servez aussitôt avec la semoule.

POÊLÉE DE QUINOA À LA MEXICAINE

POUR 4 PERSONNES PRÊT EN 10 MINUTES

LISTE DE COURSES

600 g de quinoa précuit (rayon bio)

3 tomates

1 boîte de haricots rouges (200 g)

1 boîte de maïs (200 g)

1 cuil. à café d'épices à la mexicaine

½ botte de coriandre

❶ Coupez les tomates en dés. Faites-les revenir 1 min dans une poêle avec 1 cuil. à soupe d'huile, les haricots rouges et le maïs égouttés, et les épices. Salez, poivrez.

❷ Ajoutez le quinoa et faites cuire 3 min. Mélangez. Servez avec la coriandre ciselée.

TORTILLAS AU POULET

POUR 4 PERSONNES PRÊT EN 10 MINUTES

LISTE DE COURSES

8 tortillas de maïs

2 escalopes de poulet

2 avocats

2 tomates

150 g de fromage frais

10 brins de coriandre

❶ Coupez le poulet en petits dés et faites-les dorer dans une poêle 5 min avec 1 cuil. à soupe d'huile d'olive.

❷ Pendant ce temps, retirez la peau et les noyaux des avocats. Coupez-les en petits dés ainsi que les tomates. Mélangez le tout. Salez, poivrez.

❸ Réchauffez les tortillas 30 s au micro-ondes.

❹ Sur chaque tortilla, étalez le fromage frais, déposez le mélange avocats-tomates, les dés de poulet, quelques feuilles de coriandre. Roulez et servez aussitôt.

TARTINE CHÈVRE ET SAUMON

POUR 4 PERSONNES PRÊT EN 5 MINUTES

LISTE DE COURSES

4 tranches de pain complet

1 fromage de chèvre frais

4 tranches de saumon fumé

20 brins de ciboulette

1 citron

4 poignées de salade verte

❶ Faites griller les tartines dans un grille-pain.

❷ Tartinez le pain avec le fromage, déposez les tranches de saumon.

❸ Versez un filet de jus de citron et parsemez de ciboulette ciselée. Accompagnez de salade verte.

POULET AU CITRON

POUR 4 PERSONNES PRÊT EN 10 MINUTES

LISTE DE COURSES

250 g de riz

12 aiguillettes de poulet

25 cl de crème fraîche liquide

le jus d'1 citron

10 brins de persil

❶ Faites cuire le riz environ 10 minutes dans une casserole d'eau bouillante salée.

❷ Pendant ce temps, faites revenir 5 min le poulet dans une poêle avec 1 cuil. à soupe d'huile d'olive.

❸ Ajoutez le jus de citron et la crème. Salez, poivrez et laissez mijoter 5 min à feu doux. Servez avec le riz, parsemé de persil ciselé.

SAINT-JACQUES, POUSSES D'ÉPINARDS, TOMATES CERISE POÊLÉES

POUR 4 PERSONNES PRÊT EN 10 MINUTES

LISTE DE COURSES

16 noix de Saint-Jacques

20 tomates cerise

300 g de jeunes pousses d'épinards

2 cuil. à soupe d'huile d'olive

1 cuil. à soupe de vinaigre balsamique

❶ Mélangez 1 cuil. à soupe d'huile d'olive et le vinaigre. Versez sur les pousses d'épinards et disposez dans les assiettes.

❷ Dans une poêle, faites revenir les tomates 4 min dans 1 cuil. à soupe d'huile d'olive. Réservez.

❸ Faites blondir 1 noix de beurre dans la poêle. Salez, poivrez les saint-jacques et faites-les revenir 3 ou 4 min en les retournant à mi-cuisson.

❹ Disposez les saint-jacques et les tomates au centre de l'assiette, sur la salade.

CREVETTES AU CURCUMA

POUR 4 PERSONNES PRÊT EN 10 MINUTES

LISTE DE COURSES

500 g de crevettes crues décortiquées

250 g de riz

50 cl de lait de coco

2 oignons nouveaux

1 cuil. à café de curcuma

10 brins de coriandre

Le conseil de l'auteur

Les oignons nouveaux n'ont pas besoin d'être pelés : coupez leurs extrémités, lavez-les et séchez-les puis émincez-les en rondelles avec un gros couteau.

❶ Faites cuire le riz environ 10 min dans une casserole d'eau bouillante salée.

❷ Pendant ce temps, émincez les oignons. Faites-les revenir 2 min dans une poêle avec 1 cuil. à soupe d'huile d'olive. Intégrez les crevettes et mélangez.

❸ Ajoutez le lait de coco et le curcuma. Laissez mijoter 2 min à feu moyen.

❹ Servez en disposant les crevettes sur le riz. Parsemez de coriandre ciselée.

FARFALLES AUX TOMATES CERISE ET JEUNES POUSSES

POUR 4 PERSONNES PRÊT EN 10 MINUTES

LISTE DE COURSES

400 g de farfalles

250 g de tomates cerise

300 g de jeunes pousses

60 g de parmesan

2 cuil. à soupe d'huile d'olive

½ bouquet de basilic

Le conseil de l'auteur

J'aime beaucoup l'association pâtes chaudes / salade froide, mais n'hésitez pas aussi à préparer cette recette à l'avance, elle sera toujours savoureuse en refroidissant. Vous pouvez y ajouter des câpres, des olives noires et des tomates confites.

❶ Faites cuire les pâtes
10 min dans une casserole
d'eau bouillante salée.

❷ Égouttez, versez dans un saladier. Ajoutez l'huile d'olive, les tomates coupées en deux, les jeunes pousses crues, le parmesan et le basilic ciselé. Salez, poivrez. Mélangez et servez aussitôt.

OMELETTE COMPLÈTE

POUR 2 PERSONNES PRÊT EN 10 MINUTES

LISTE DE COURSES

4 œufs

2 tomates moyennes

100 g de feta

10 olives noires dénoyautées

5 brins de ciboulette

Le conseil de l'auteur

Pour obtenir une jolie omelette, ne la retournez pas ! Laissez-la cuire d'un seul côté puis servez. Si elle n'est vraiment pas assez cuite à votre goût, attendez qu'elle soit bien rigide puis retournez-la entièrement dans la poêle et laissez-la cuire 30 s sur l'autre face.

❶ Battez les œufs dans un saladier. Salez et poivrez.

❷ Ajoutez les tomates lavées et coupées en dés, la feta coupée en dés, la ciboulette ciselée et les olives. Mélangez.

❸ Faites fondre 1 noix de beurre dans une poêle bien chaude, versez les œufs battus et laissez cuire environ 3 min jusqu'à ce que les œufs soient pris.

RIZ CANTONAIS

POUR 6 PERSONNES PRÊT EN 10 MINUTES

LISTE DE COURSES

400 g de riz

4 œufs

150 g de dés de jambon

50 g de petits pois en bocal

❶ Faites cuire le riz environ 10 min à l'eau bouillante salée.

❷ Pendant ce temps, dans un wok ou une grande poêle, faites revenir 3 min les petits pois égouttés dans 1 cuil. à soupe d'huile d'olive, ajoutez le jambon coupé en morceaux et les œufs et remuez sans cesse pendant 3 min.

❸ Égouttez le riz et incorporez-le. Salez et poivrez.

ŒUFS BROUILLÉS ET TARTINES D'AVOCAT

POUR 4 PERSONNES PRÊT EN 10 MINUTES

LISTE DE COURSES

10 œufs

5 cl de lait

1 baguette

2 avocats

le jus d'½ citron

5 brins de coriandre

❶ Cassez les œufs et battez-les avec le lait. Salez et poivrez.

❷ Faites fondre 1 noix de beurre dans une poêle bien chaude. Versez la préparation et remuez sans cesse pendant 5 min.

❸ Faites griller le pain au grille-pain, réservez.

❹ Retirez la peau et les noyaux des avocats. Écrasez-les à la fourchette et mélangez avec le jus de citron, tartinez-en le pain grillé, ajoutez quelques feuilles de coriandre ciselées. Servez avec les œufs brouillés.

TOFU SAUTÉ AU MIEL ET AU PIMENT

POUR 6 PERSONNES PRÊT EN 10 MINUTES

LISTE DE COURSES

500 g de tofu

500 g de pois gourmands

2 pincées de gingembre en poudre

2 cuil. à soupe de miel

2 cuil. à café de piment

1 cuil. à soupe de soja salée

❶ Faites revenir 3 min les pois gourmands ciselés dans une grande poêle ou un wok avec 1 cuil. à soupe d'huile d'olive.

❷ Incorporez le tofu coupé en morceaux et faites-les dorer, ajoutez le gingembre, le miel, le piment et la sauce soja, mélangez et laissez cuire 7 min.

CHOU-FLEUR ET ÉPINARDS À LA CRÈME, LARD GRILLÉ

POUR 4 PERSONNES PRÊT EN 10 MINUTES

LISTE DE COURSES

800 g de fleurettes de chou-fleur

400 g de jeunes pousses d'épinards

60 cl de crème liquide

4 tranches de lard

❶ Faites dorer 5 min les tranches de lard dans une poêle sans matière grasse.

❷ Pendant ce temps, faites cuire le chou-fleur à l'eau bouillante environ 10 min, égouttez, mélangez avec la crème et les pousses d'épinards. Saupoudrez d'1 pincée de fleur de sel et poivrez.

❸ Servez les légumes accompagnés des tranches de lard.

PAVÉ DE BŒUF, SAUCE ROQUEFORT

POUR 4 PERSONNES PRÊT EN 10 MINUTES

LISTE DE COURSES

4 pavés de bœuf

100 g de roquefort

2 cuil. à soupe de crème fraîche

400 g de haricots verts équeuttés

Le conseil de l'auteur

Pour une sauce un peu moins forte mais plus onctueuse, vous pouvez remplacer le roquefort par du gorgonzola.

❶ Faites cuire les haricots verts 8 min à l'eau bouillante salée puis égouttez-les.

❷ Faites griller les pavés de bœuf, à la poêle ou au gril, 3 min de chaque côté.

❸ Faites fondre le roquefort et la crème fraîche 1 min au micro-ondes, remuez, poivrez et servez avec la viande et les haricots verts.

BŒUF À L'ASIATIQUE

POUR 6 PERSONNES PRÊT EN 10 MINUTES

LISTE DE COURSES

850 g de bavette en lamelles

6 cuil. à soupe de sauce soja salée

6 cuil. à soupe de nuoc-mâm

le jus de 2 citrons verts

2 cuil. à soupe d'oignons émincés surgelés

5 brins de menthe

❶ Faites revenir 3 min les oignons émincés dans 1 cuil. à soupe d'huile d'olive.

❷ Ajoutez les lamelles de bœuf, la sauce soja, le nuoc-mâm, le jus de citron vert et remuez 1 min.

❸ Servez avec quelques feuilles de menthe ciselées.

FILET DE POISSON AU VIN BLANC

POUR 4 PERSONNES   PRÊT EN 10 MINUTES

LISTE DE COURSES

4 filets de cabillaud

20 cl de vin blanc

20 cl de crème liquide

3 brins de persil

Le conseil de l'auteur

Vous pouvez aussi faire cuire les papillotes 8 min dans un four préchauffé à 180 °C (th. 6). Pour bien fermer une papillote : placez le poisson au milieu d'un rectangle de papier sulfurisé, rabattez les bords les plus larges vers le milieu, puis pliez et glissez les bords les plus courts sous le poisson.

❶ Placez les filets de poisson sur 4 feuilles de papier sulfurisé. Arrosez-les de vin blanc, ajoutez la crème fraîche, salez et poivrez. Refermez les papillotes.

❷ Placez un panier vapeur sur une casserole d'eau à ébullition, mettez-y les papillotes et faites-les cuire 8 min à la vapeur.

❸ Ouvrez les papillotes, décorez avec quelques feuilles de persil et servez.

ASSIETTE COMPLÈTE D'HIVER

POUR 4 PERSONNES PRÊT EN 10 MINUTES

LISTE DE COURSES

200 g de lentilles cuites

100 g de riz 3 couleurs

1 betterave cuite sous vide

2 avocats

4 cuil. à café de purée d'amandes

4 brins de persil

Le conseil de l'auteur

Si vous ne trouvez pas de purée d'amandes (rayons ou supermarchés bio), vous pouvez la remplacer par du houmous.

❶ Faites cuire le riz environ 10 min dans de l'eau bouillante salée, égouttez et laissez refroidir.

❷ Pendant ce temps, rincez les lentilles, égouttez-les et dressez dans les assiettes. Retirez la peau et les noyaux des avocats et coupez-les en lamelles.

❸ Répartissez la betterave et les avocats et ajoutez 1 cuil. à café de purée d'amandes par assiette. Décorez avec le persil ciselé.

DESSERTS

ANANAS CARAMÉLISÉS AUX SPÉCULOOS

POUR 4 PERSONNES PRÊT EN 5 MINUTES

LISTE DE COURSES

12 tranches d'ananas en conserve

2 cuil. à soupe de sucre

20 spéculoos

1 poignée de noix de pécan

❶ Dans une poêle, faites dorer 2 min les tranches d'ananas dans 1 noix de beurre, saupoudrez de sucre et laissez caraméliser 3 min.

❷ Dressez dans les assiettes, ajoutez les spéculoos et quelques noix de pécan émiettés.

FROMAGE BLANC AUX FRUITS ROUGES ET À LA MERINGUE

POUR 4 PERSONNES PRÊT EN 5 MINUTES

LISTE DE COURSES

400 g de fromage blanc

400 g de fruits rouges

4 feuilles de menthe

2 belles meringues

❶ Rincez les fruits rouges et épongez-les délicatement avec du papier absorbant.

❷ Disposez les fruits rouges sur le fromage blanc.

❸ Émiettez les meringues sur les fruits.

❹ Décorez de feuilles de menthe ciselées.

SORBET À LA MANGUE

POUR 4 PERSONNES   PRÊT EN 5 MINUTES

LISTE DE COURSES

400 g de mangue surgelée

4 brins de menthe

Le conseil de l'auteur

Pour un dessert encore plus gourmand, ajoutez un peu de chantilly, des spéculoos émiettés ou quelques pistaches concassées.

❶ Lavez et ciselez les feuilles de menthe. Mixez-les avec la mangue surgelée.

❷ Répartissez dans quatre petits bols ou ramequins. Dégustez aussitôt.

POIRES BELLE-HÉLÈNE

POUR 4 PERSONNES PRÊT EN 5 MINUTES

LISTE DE COURSES

1 grosse boîte de poires au sirop

100 g de chocolat noir pâtissier

4 boules de glace vanille

4 cuil. à café de pralin

❶ Égouttez les poires et répartissez-les dans 4 coupes ou ramequins.

❷ Ajoutez 1 boule de glace vanille.

❸ Faites fondre le chocolat noir au micro-ondes et versez-le sur la poire et la glace.

❹ Saupoudrez de pralin et servez aussitôt.

TARTELETTES AUX POMMES ET AUX AMANDES

POUR 6 PERSONNES PRÊT EN 5 MINUTES

LISTE DE COURSES

10 grandes galettes St Michel®

4 pommes

20 g de cassonade

125 g de purée d'amandes non sucrée

Le conseil de l'auteur
Vous pouvez aussi utiliser de la purée de noisettes non sucrée. Si vous optez pour une purée de fruits secs déjà sucrée, ne mettez pas de cassonade.

❶ Épluchez les pommes et taillez-les en tranches.

❷ Tartinez 6 galettes de purée d’amandes.

❸ Disposez dessus les pommes, parsemez d’un peu de cassonade et du reste des galettes émiettées.

MENDIANTS

POUR 4 PERSONNES PRÊT EN 5 MINUTES

LISTE DE COURSES

50 g de mélange de fruits secs

1 tablette de chocolat noir pâtissier

Le conseil de l'auteur

Vous pouvez aussi faire fondre le chocolat au bain-marie. Pour cela, placez-le dans un récipient supportant la chaleur que vous placerez sur une casserole d'eau frémissante. L'eau ne doit pas bouillir ni toucher le bas du récipient sinon le chocolat risque de brûler. Laissez fondre doucement le chocolat puis, hors du feu, mélangez délicatement avec une cuillère en bois.

❶ Faites fondre le chocolat au micro-ondes quelques secondes.

❷ Mélangez les fruits secs (vous pouvez éventuellement concasser les plus gros) et le chocolat.

❸ À l'aide d'une cuillère, formez de petits cercles sur une feuille de papier sulfurisé et laissez durcir.

BANANA SPLIT

POUR 4 PERSONNES PRÊT EN 10 MINUTES

LISTE DE COURSES

4 bananes

1 tablette de chocolat noir pâtissier

15 cl de crème fleurette

1 cuil. à soupe de sucre glace

4 boules de glace à la vanille

1 cuil. à soupe d'amandes effilées grillées

Le conseil de l'auteur

Placez la crème 15 min au congélateur avant de la battre en chantilly. S'il fait chaud dans votre cuisine, placez le saladier dans un récipient plus grand contenant de l'eau froide et des glaçons. Plus la crème sera dans un environnement froid, mieux elle montera.

❶ Faites fondre le chocolat au micro-ondes.

❷ Battez la crème en chantilly avec un batteur électrique et intégrez le sucre glace.

❸ Placez 1 banane par assiette, ajoutez 1 boule de glace vanille, la chantilly et le chocolat fondu.

❹ Parsemez d'amandes effilées.

ABRICOTS AU FROMAGE BLANC, MIEL ET PISTACHES

POUR 4 PERSONNES PRÊT EN 5 MINUTES

LISTE DE COURSES

8 abricots

8 cuil. à soupe de fromage blanc

4 cuil. à café de miel

1 poignée de pistaches non salées

❶ Concassez les pistaches : versez-les sur une grande planche à découper et, avec un gros couteau, hachez-les doucement en laissant la pointe du couteau sur la planche.

❷ Placez les abricots coupés en deux dans quatre ramequins, sur un fond de fromage blanc.

❸ Ajoutez le miel et les pistaches concassées.

CARRÉ DE CACAO CRU, DATTES ET FRAMBOISES

POUR 4 PERSONNES PRÊT EN 5 MINUTES

LISTE DE COURSES

200 g de framboises

500 g de dattes dénoyautées

1 cuil. à soupe de cacao cru en poudre

4 cuil. à soupe de purée d'amandes

1 grosse poignée d'amandes

1 cuil. à café de sucre glace

❶ Mixez tous les ingrédients sauf les framboises.

❷ Tassez la préparation sur une feuille de papier sulfurisé puis découpez-la en carrés.

❸ Décorez de framboises et de sucre glace.

VERRINE FAÇON CRUMBLE

POUR 4 PERSONNES PRÊT EN 5 MINUTES

LISTE DE COURSES

8 cuil. à soupe de compote de pommes

4 cuil. à soupe de müesli

15 cl de crème fleurette

1 cuil. à soupe de sucre glace

❶ Répartissez la compote dans les verrines.

❷ Ajoutez le müesli.

❸ Battez la crème en chantilly en ajoutant le sucre glace lorsque la crème commence à prendre, puis dressez-la dans les verrines.

LA PARTIE DES DIX

Les 10 ingrédients indispensables

Des légumes surgelés découpés
pour réaliser des poêlées toutes simples et équilibrées

Des pâtes cuisson rapide
prêtes en 3 min, un record !

Des morceaux de viande prédécoupés
Demandez-les à votre boucher, ils cuiront plus rapidement.

Des herbes surgelées
Quand vous achetez des herbes fraîches, lavez et séchez-les, puis ciselez-les et conservez-les au congélateur dans de petits sachets.

Des fruits au sirop
pour réaliser des desserts à l'assiette en quelques minutes

Du riz et/ou des lentilles déjà cuit(es)
En bocal, sachet ou surgelé, on en trouve aujourd'hui de bonne qualité.

De jeunes pousses d'épinards
un super produit qui peut se déguster froid comme chaud

Du poisson en conserve
sardines, thon, maquereau…

Des tomates cerise
pour apporter un peu de fraîcheur à vos plats

Des œufs
à choisir « de plein air » de préférence

Les 10 choses à retenir pour cuisiner express

1. Ayez une cuisine bien rangée et bien organisée pour ne pas perdre de temps à chercher un ustensile qui ne serait pas à sa place. Rangez aussi au fur et à mesure votre plan de travail pour rester zen.

2. Vérifiez que vous avez le matériel nécessaire avant de réaliser une recette. Au minimum, un gros et un petit couteaux bien aiguisés, un économe, un batteur et une petite balance.

3. Sortez les ingrédients du placard ou du réfrigérateur (et préparez-les si besoin) en une seule fois avant de commencer la recette.

4. Anticipez. Réfléchissez à votre menu à l'avance et lisez bien les différentes étapes de la réalisation des plats.

5. Faites des courses efficaces en organisant votre liste sur 3 colonnes : les produits frais (laitages, viandes, poissons…), les fruits et légumes, et l'épicerie. Cela vous évitera de tourner en rond dans le supermarché.

6. Vous trouverez au rayon surgelés de nombreux légumes lavés, épluchés, précuits ou émincés qui vous éviteront des manipulations fastidieuses.

7. Pensez au « tout cru » : les tartares, carpaccios, crudités et fruits frais sont vos alliés !

8. Cuisinez en pleine conscience, faites le vide et concentrez-vous sur votre recette pour être plus efficace.

9 Recyclez vos restes : vous avez déjà là une bonne base, à agrémenter rapidement d'une salade verte ou composée, de quelques pâtes cuisson rapide, etc. Les restes peuvent aussi souvent servir de garniture à une tarte ou un cake.

10 Préparez une vinaigrette à l'avance sur la base de 3 cuil. à soupe d'huile pour 1 cuil. à soupe de vinaigre, aromatisez-la selon vos préférences (pointe de miel, de sauce soja, d'herbes ciselées, de moutarde…) et conservez-la au réfrigérateur 1 semaine dans un bocal.

INDEX DES RECETTES